OTTO

La Nutria

UNA GRAN SORPRESA

Escrito e ilustrado por

Linda Hansen

Escrito e ilustrado por Linda Hansen.
Diseño Gráfico por Praise Saflor

Impreso en los Estados Unidos

Catalogación de la Editorial -en- Datos de publicación

Nombre: Hansen, Linda autora.
Título: Otto la nutria : una gran sorpresa / Linda Hansen.
Descripción: Largo, FL: Linda Hansen. 2022/Resumen: Una nutria de río de Norte América cría a su familia.
Identificadores: LCCN:201198055 I ISBN: 978-1-7378308-4-9 (pasta dura) I
978-1-7378308-3-2 (pasta blanda) I 978-1-7378308-5-6 (libro electrónico)
Sujetos: LCSH Nutria de río de Norte América-- Literatura juvenil. I Nutrias--Literatura juvenil. I
CYAC Nutria de río de Norte América. I Nutrias. I BISAC JUVENIL NO FICCION/Animales/
Mamíferos I JUVENIL NO FICCION/Animales/Vida marina
Clasificación: LCC QL737.C25 .H36 2022 I DDC 599.74/447--dc23

Este libro está dedicado a

—Roni, mi querida amiga y vecina, sin cuya insistencia,
Otto la nutria- Una Gran Sorpresa, nunca hubiera sido escrito.

—Mis profesores de acuarelas, cuya inspiración y guía me
ayudaron a desarrollar las habilidades, que nunca supe que tenía.

— Mary, mi amiga especial, quien hizo posible
la traducción al español.

—Mi esposo Gary, por apoyarme en todos mis esfuerzos.

Otto, la nutria ha estado visitando este pequeño estanque por largo tiempo.

La gente que vive en la casa gris cerca al estanque, le pusieron este nombre. Siempre es una maravillosa **sorpresa** cuando ellos lo ven.

Otto no viene todos los días, pero sí viene a menudo a nadar, jugar y comer. Otto se queda en el estanque por unas pocas horas y luego viaja del estanque a otro cercano a través de un arroyo. Las nutrias viajan en un área de 6 millas y el estanque de estas personas, es solo uno de los lugares que él visita.

Otto es una nutria de río de Norte América, y él vive en agua fresca. Las nutrias de río son diferentes a las nutrias que viven en las saladas aguas del Océano Pacífico. Las nutrias duermen cerca del agua en una variedad de lugares, ya sea sobre la tierra o en madrigueras subterráneas.

Otto deja el estanque en la noche. La gente en la casa gris no sabe a dónde va él. Algunas veces lo ven salir escabulléndose a través de la reja al otro lado del estanque.

La gente se preocupa por Otto, si no lo ven por un largo tiempo. Una vez, él permaneció lejos todo el invierno y finalmente reapareció en la primavera con una GRAN SORPRESA . . .

Resultó que Otto NO era Otto!

Otto es una chica!

¿Cómo se dieron cuenta las personas que Otto es una chica? Otto vino al estanque con dos bebés!. La gente cambió el nombre de Otto por Opal.

Los bebés de las nutrias se conocen como sus crías. Antes de que nazcan su madre crea un refugio tranquilo donde ellas nacen y serán mantenidas a salvo. Las crías pasaron su primer mes allí. Ellas no pueden ver porque sus ojos no están abiertos todavía, pero su madre vela por ellas.

Mientras las crías crecen, el pequeño estanque cerca de la casa gris les brinda un lugar seguro. Las primeras semanas que Opal las trajo al estanque, ellas permanecían allí todo el día. Su madre siempre las mantiene cerca y las cuida.

La gente en la casa gris nunca se cansa de verlas.

Cuando las crías tenían como dos meses de edad, Opal empezó a enseñarles a nadar. Las crías no nacen sabiendo cómo nadar. Su mamá también les enseño a buscar alimentos debajo del agua.

Las nutrias comen peces, sapos, cangrejos de río, tortugas e insectos. Ellas tienen largos bigotes que les ayudan a encontrar su comida en el agua oscura o turbia. Ellas también tienen párpados especiales, lo que les permite mantener sus ojos abiertos y ver mientras nadan debajo del agua.

Las nutrias pueden cerrar sus orejas y narices,
lo cual les permite nadar debajo del agua por casi
ocho minutos.

Algunas veces las nutrias desaparecen debajo del
agua, pero la gente puede decir dónde están ellas,
por las burbujas que suben a la superficie.

Las crías dejan el estanque a menudo para jugar en el pasto, asearse y alimentarse de Opal. Las nutrias madres continúan cobijando y amamantando a sus crías por 14 semanas.

Conforme las crías siguen creciendo, ellas se alejan del lado de Opal y nadan alrededor del estanque para explorar y jugar por sí mismas. Opal las observa muy de cerca y chilla muy fuerte para mostrarles su desagrado cuando ellas se alejan demasiado.

Hay dos balsas de madera flotando en el pequeño estanque. La gente que vive en la casa gris las llama islas de tortugas. Durante el calor del día, a las tortugas que viven en el estanque, les gusta subirse sobre las balsas y disfrutar de la calidez del sol.

A las crías también les encanta jugar en las islas de tortugas. Cuando las crías están en la balsa, las tortugas salen a buscar otro lugar donde disfrutar un rato de sol.

A la gente de la casa gris le gusta mucho ver nadar a las nutrias. Ellas tienen colas largas, anchas y planas que usan como si fuera el timón de un bote. Sus colas les ayudan a conducir y también a nadar rápido.

Las nutrias adultas son muy fuertes y pueden nadar 6 a 7 millas por hora mientras están en el agua y pueden correr rápido, hasta 15 millas por hora en tierra.

La gente mira cómo pasa el tiempo y las crías siguen creciendo. Opal las saca de la seguridad del estanque más a menudo y las lleva a otros lugares.

Algunas veces ellas desaparecen por varios días. Ahora, cuando vienen, no se quedan por mucho tiempo. Sus vidas se han tornado muy ocupadas mientras ellas viajan de estanque en estanque.

La gente en la casa gris no sabe por cuánto tiempo o cuán a menudo ellos volverán a ver a Opal y sus retoños. Las crías de nutria generalmente permanecen con su madre hasta que cumplen un año de edad. Estas personas esperan poder verlos por largo tiempo y contemplar su crecimiento.

Si la gente en la casa gris tiene suerte, quizás Opal aparezca un día con una nueva camada de crías.

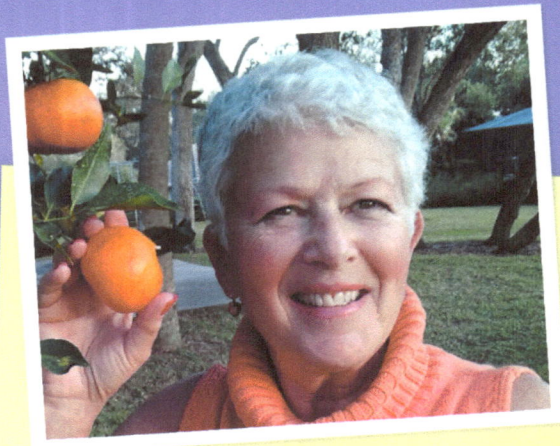

LINDA HANSEN

Linda Hansen ama combinar el arte y la naturaleza. Después de retirarse de su carrera como Directora Ejecutiva de una organización sin fines de lucro, ella finalmente ha encontrado el tiempo para seguir sus pasiones creativas. Ella está actualmente trabajando en acuarelas y es la autora e ilustradora de este creativo libro para niños.

Linda creció en St. Louis, Missouri y actualmente vive en Florida con su esposo y dos perros, muy cerca del pequeño estanque donde tiene lugar esta historia real.

Usted puede contactar a Linda en www.lindahansenauthor.com

www.facebook.com/lindahansenauthor

Esta pintura fue hecha por Sofía, mi
vecina cuando ella tenía 7 años de edad.
Sofía viene a menudo a pintar conmigo.

Opal y sus crías descansando en la isla de tortugas.

Visite nuestro sitio web y regístrese para obtener actualizaciones e información, y entrar en un sorteo de un regalo gratis mostrando a Opal y/o sus crías.

www.lindahansenauthor.com

ESCANEAME

www.ingramcontent.com/pod-product-compliance
Lightning Source LLC
Chambersburg PA
CBHW061154030426
42336CB00003B/45